Les Chroniques de grand-mère

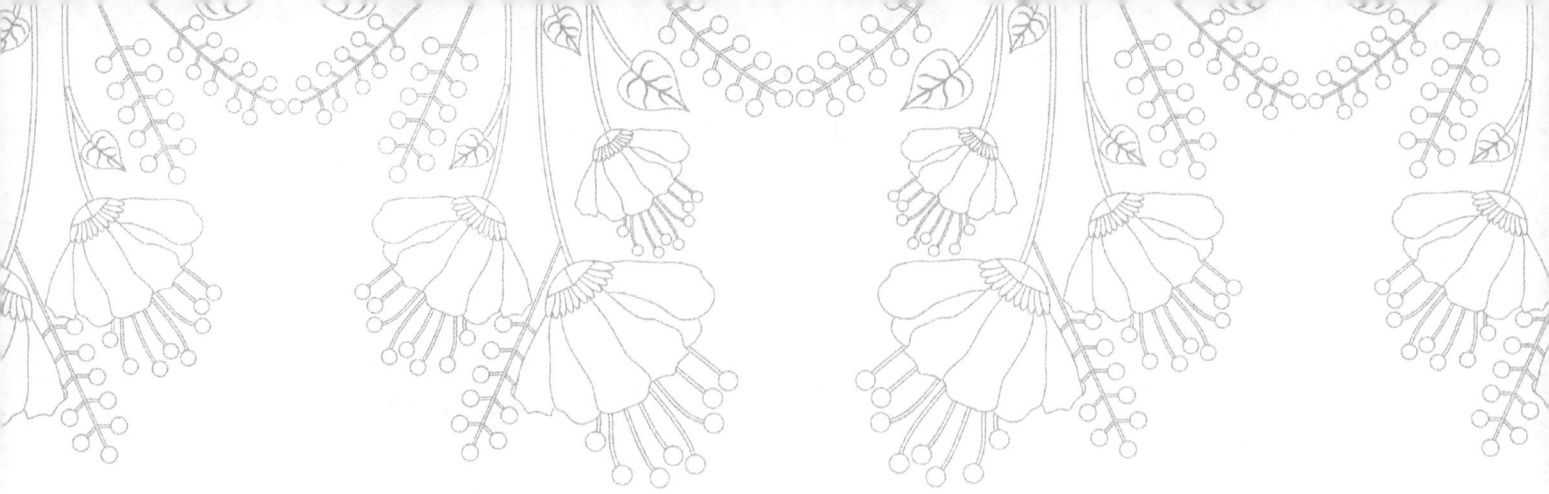

Copyrights 2021 - Tous droits réservés

Vous ne pouvez pas reproduire, dupliquer ou envoyer le contenu de ce livre sans l'autorisation écrite directe de l'auteur. Vous ne pouvez en aucun cas blâmer l'éditeur ou lui tenir la responsabilité légale de toute réparation, compensation ou confiscation pécuniaire du fait des informations contenues dans le présent document, que ce soit de manière directe ou indirecte.

Mentions légales : Ce livre est protégé par le droit d'auteur. Vous pouvez utiliser le livre à des fins personnelles. Vous ne devez pas vendre, utiliser, modifier, distribuer, citer, prendre des extraits ou paraphraser en partie tout le matériel contenu dans ce livre sans obtenir au préalable la permission de l'auteur.

Avis de non-responsabilité : vous devez prendre note que les informations contenues dans ce document sont uniquement destinées à une lecture occasionnelle et à des fins de divertissement. Nous nous sommes efforcés de fournir des informations exactes, à jour et fiables. Nous n'exprimons ni n'impliquons aucune garantie d'aucune sorte. La personne qui lit admet que l'écrivain n'est pas occupé à donner des conseils juridiques, financiers, médicaux ou autres. Nous mettons le contenu de ce livre en recherchant différents endroits.

Veuillez consulter un professionnel agréé avant d'essayer les techniques présentées dans ce livre. En parcourant ce document, l'amateur de livres conclut qu'en aucun cas l'auteur n'est responsable de toute confiscation, directe ou indirecte, qu'il pourrait encourir en raison de l'utilisation du matériel contenu dans ce document, y compris, mais sans s'y limiter, - des erreurs, omissions ou inexactitudes.

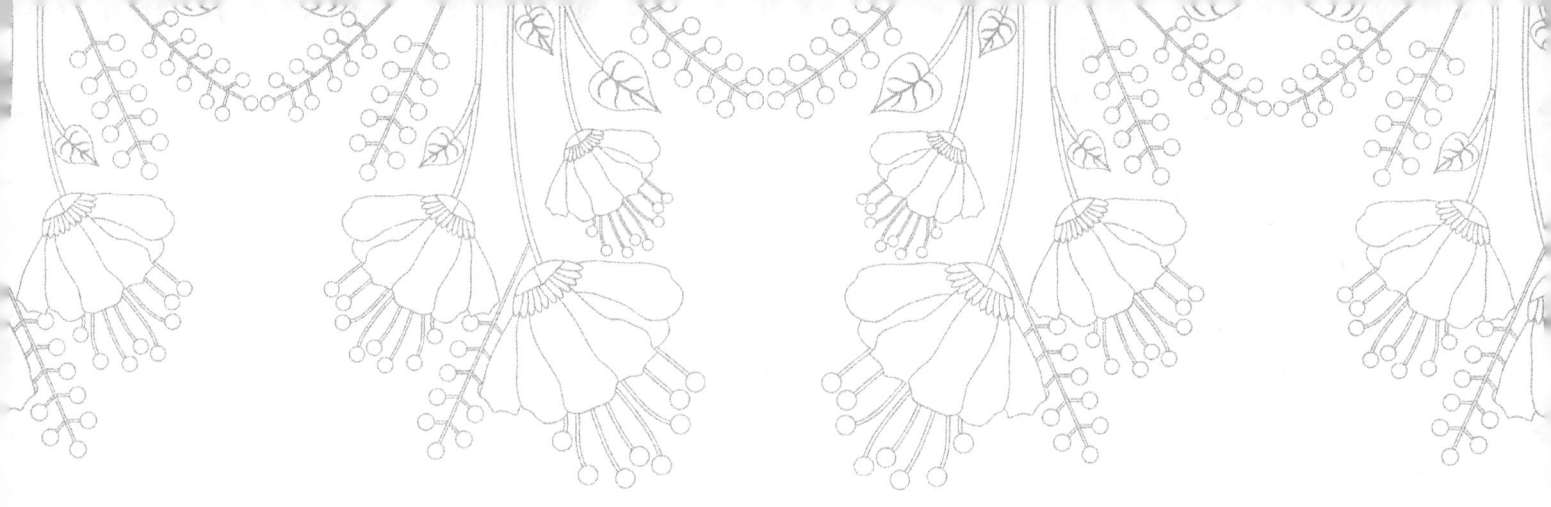

Table des matières:

Introduction – Une note de l'auteur à la grand-mère

Chapitre 1 – Ma grand-mère et sa famille

Chapitre 2 – Ma grand-mère grandit

Chapitre 3 – Grand-mère devient un adulte

Chapitre 4 – Les enfants de grand-mère

Chapitre 5 – Les traditions familiales

Chapitre 6 – De la vie et de l'existence

Introduction
Une note de l'auteur à la grand-mère

Il n'y a personne comme les grands-parents! Les grands-parents sont une femme et un homme merveilleux qui nous glissent des friandises et nous laissent faire des choses que nos parents n'auraient jamais acceptées. Au-delà des friandises et des cadeaux d'anniversaire, les grands-parents offrent aux jeunes générations une foule d'informations fascinantes, glanées au fil de décennies d'expérience concrète.

J'ai perdu mes grands-parents quand j'étais enfant et je réalise maintenant, alors que je suis moi-même parent, qu'il y a tant de choses que j'aimerais savoir sur ma famille. Comme j'ai moi-même des enfants et que mes parents sont maintenant grands-parents, j'ai réalisé que c'était le moment idéal pour enregistrer les souvenirs de mes parents pour leurs petits-enfants.

Ce journal a été créé pour toutes et chacune d'entre vous, grands-mères - biologiques ou non - afin de capturer et de partager les moments qui ont façonné votre vie. Le journal comprend des questions intéressantes posées par l'esprit curieux d'un petit-enfant, qui sont destinées à vous guider sur la voie de l'écriture de l'histoire de votre vie.

Une fois achevé, ce livre sera un souvenir spécial; il sera ce que votre famille apprendra de vous lorsque votre voyage prendra fin. C'est votre chance d'inspirer la prochaine génération et les générations à venir avec vos expériences, vos réalisations et vos leçons de vie.

Même si vous ne le réalisez pas encore, ce journal est l'histoire de votre famille. C'est l'histoire que vous aimeriez que vos proches aient et lisent un jour. Et ce jour-là, nous réalisons tous que les personnes que nous aimons ne disparaissent jamais, elles marchent à nos côtés... invisibles, inaudibles, mais toujours proches, toujours aimées, toujours regrettées et très chères.

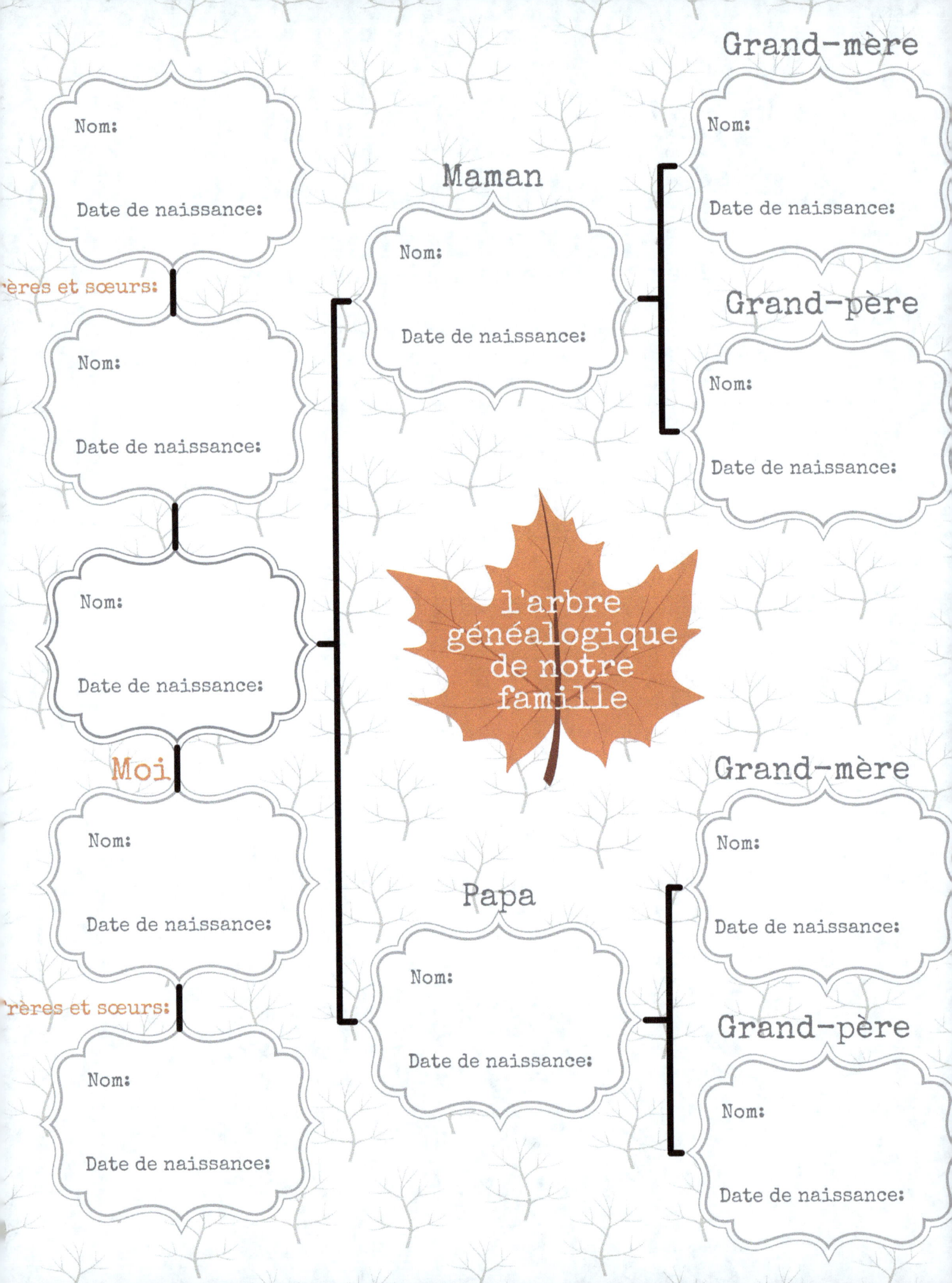

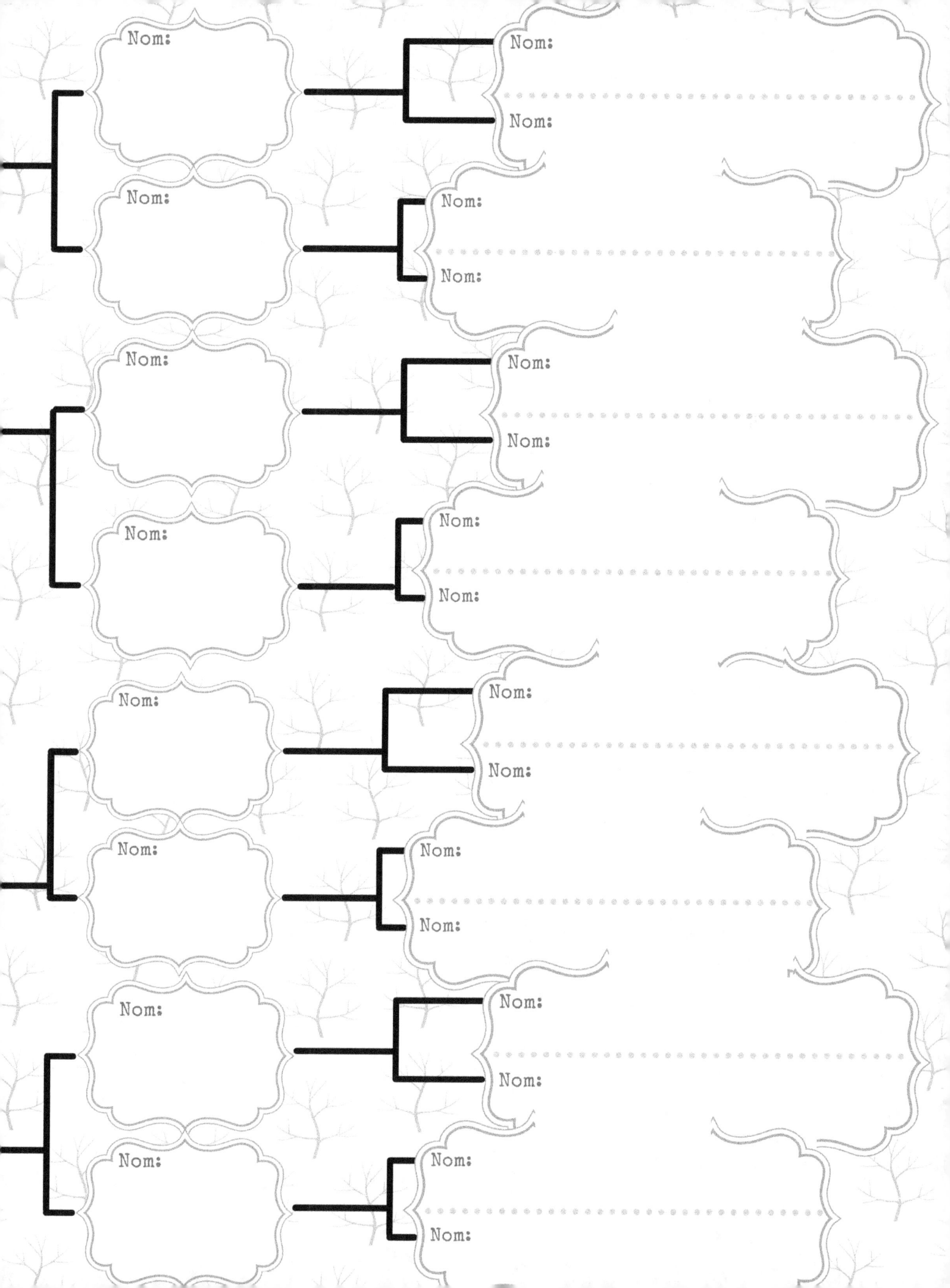

Chapitre 1

Ma grand-mère et sa famille

Quand êtes-vous né(e)?

- Quand êtes-vous né(e)? Êtes-vous né dans un hôpital, à la maison ou ailleurs?

- Nom complet

- Date de naissance

- Lieu de naissance

- Couleur des yeux

- Couleur des cheveux

- Signes distinctifs

- Avez-vous été nommé d'après quelqu'un/un membre de votre famille?

- Votre nom a-t-il une signification particulière?

- Aimez-vous ou n'aimez-vous pas votre nom? Pourquoi?

- Comment ta mère t'appelait-elle? Utilisait-elle des noms différents quand elle était en colère? Et quand elle était fière ou heureuse?

- As-tu un surnom que tes frères et sœurs ou tes amis t'ont donné?

- Comment avez-vous obtenu ce surnom?

- Si vous pouviez choisir un nom différent, quel serait-il? Pourquoi?

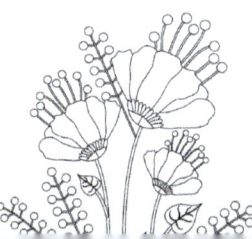

- Quel âge avaient vos parents à votre naissance?

- Y a-t-il des histoires qu'on vous a racontées au sujet de votre naissance?

- Etiez-vous un bébé en bonne santé, ou y avait-il des problèmes de santé? De quoi souffriezvous?

- Quel est le plus ancien souvenir que vous ayez? Dites-m'en plus.

- Avez-vous des frères et sœurs? Quels sont leurs noms et quel âge avaient-ils à votre naissance?

- Vous êtes-vous battu avec vos frères et sœurs? Pourquoi? À quel sujet?

- Que faisait votre famille pour s'amuser quand vous étiez enfant?

Sur les parents de ma grand-mère

- Quels sont les noms de vos parents et où sont-ils nés? Savez-vous où chacun d'eux est né?

- Combien d'enfants y avait-il dans votre famille? Quels sont leurs noms complets?

- Pouvez-vous me raconter une histoire ou un souvenir particulier concernant vos frères et sœurs? Qu'aimiez-vous faire avec vos frères et sœurs?

- Quelles étaient les professions de vos parents?

- Quelles étaient les activités préférées de vos parents après leur retraite? Pourquoi?

- Comment votre famille passait-elle du temps ensemble quand vous étiez jeune?

- Quelle est la leçon plus importante que vos parents vous ont enseignée?

- Quel est votre souvenir le plus marquant de votre mère?

- Quel est votre souvenir préféré concernant votre mère?

- Quel est votre souvenir le plus marquant de votre père?

- Parlez-moi de votre souvenir préféré avec votre père.

Grand-mère, as-tu une photo de tes parents ?

Veuillez coller une photo ici, s'il y en a.

Sur les grands-parents de ma grand-mère
(mes arrière-grands-parents!)

- Comment étaient vos grands-parents?

- Quel est votre souvenir préféré de vos grands-parents?

- Comment vos grands-parents gagnaient-ils leur vie?

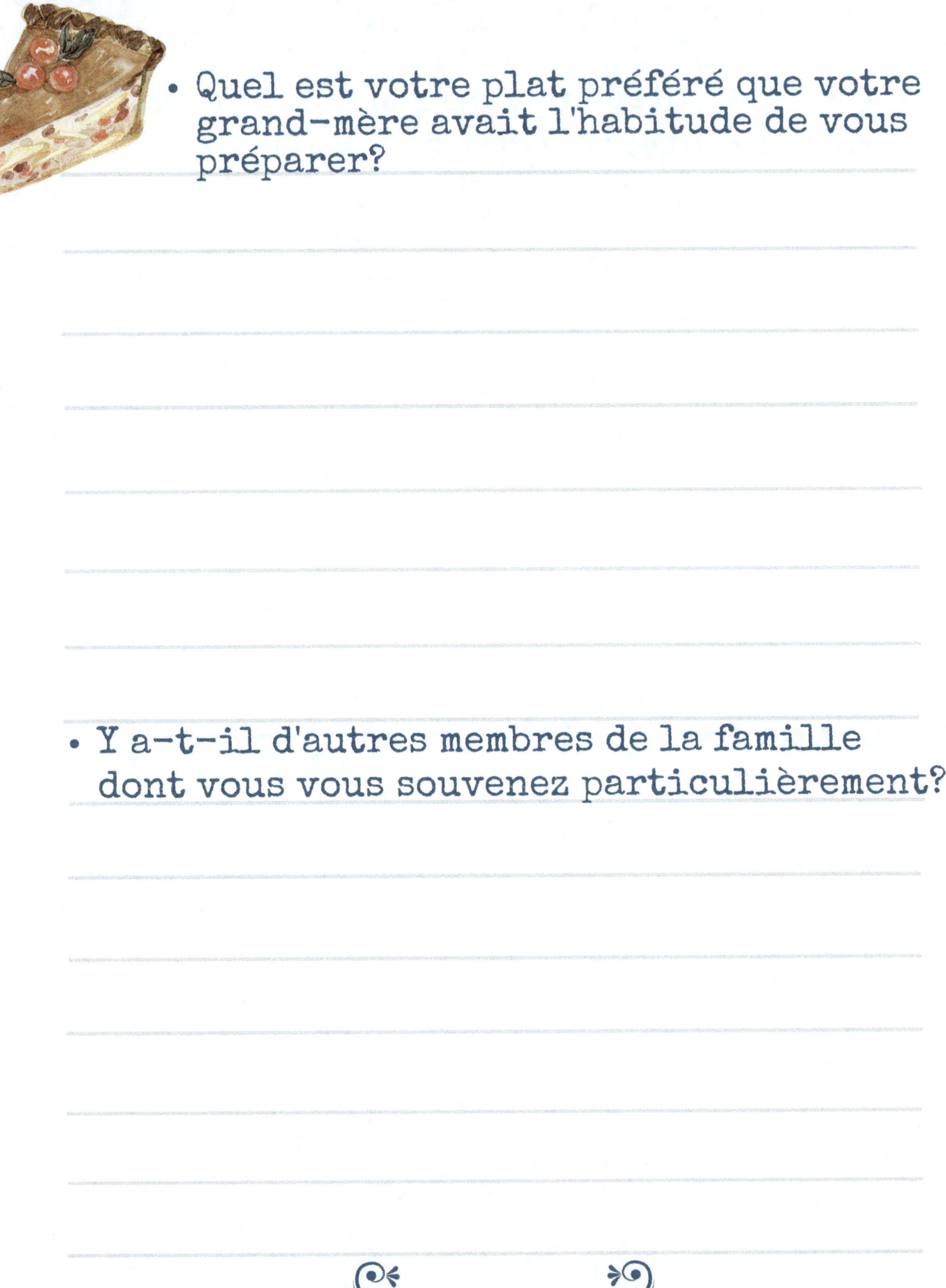

- Quel est votre plat préféré que votre grand-mère avait l'habitude de vous préparer?

- Y a-t-il d'autres membres de la famille dont vous vous souvenez particulièrement?

- Qu'est-ce qui les fait ressortir dans votre esprit?

Grand-mère, avez-vous une photo de vos grands-parents ?

Veuillez coller une photo ici, s'il y en a.

Grand-mère, avez-vous une photo du membre de votre famille dont vous vous souvenez particulièrement?

Veuillez coller une photo ici, s'il y en a.

A propos de la maison de grand-mère

- Où avez-vous grandi?

- Comment était votre ville natale?

- Comment était votre quartier?

- Quels sont vos premiers souvenirs concernant votre première maison?

- Qu'en est-il des autres maisons et lieux où vous avez vécu?

Grand-mère, as-tu une photo de ta maison ?

Veuillez coller une photo ici, s'il y en a.

Grand-mère dans son enfance

- Quel était votre jouet ou votre activité préférée lorsque vous étiez enfant?

- Quel était votre animal de compagnie préféré lorsque vous étiez enfant?

- Quelle était l'une de vos émissions préférées lorsque vous étiez enfant?

- Qu'est-ce que vous aimez regarder maintenant?

- Quel est l'un de vos meilleurs souvenirs d'enfance?

- Quel genre de corvées faisiez-vous quand vous étiez enfant?

- Avez-vous eu de bonnes notes?

- Quelle était ta matière préférée et quel était ton professeur préféré à l'école?

- Qu'est-ce que vous n'avez pas aimé manger?

- Quel genre de livres aimais-tu lire?

- Que voulais-tu faire quand tu serais grand?

- Quelle est l'une de vos activités préférées en ce moment?

Grand-mère, as-vous une photo de quand vous étiez enfant? ?

S'il te plaît coller une photo ici, s'il y en a.

Quand grand-mère était adolescente

- Quelle était votre activité préférée à l'adolescence?

- Avez-vous fréquenté une école; un lycée, un collège ou une école professionnelle/technique?

- Avais-tu une allocation? Combien était-elle et à quoi dépensais-tu ton argent?

- Quelle est la chose la plus rebelle que vous ayez faite quand vous étiez jeune?

- Avez-vous déjà eu des problèmes quand vous étiez enfant ou adolescent? Pourquoi? Dites-m'en plus.

- Aviez-vous un couvre-feu et à quelle heure était-il fixé? Avez-vous déjà manqué le couvre-feu? Quelle a été la réaction de tes parents? As-tu été puni? Comment?

- Que faisaient tes amis pour s'amuser quand tu étais jeune?

- Aviez-vous un meilleur ami? Quel était son nom et que vous rappelez-vous avoir fait le plus souvent lorsque vous étiez ensemble?

- Quand tu étais jeune, as-tu déjà collectionné quelque chose? Qu'est-il arrivé à votre collection? La possédez-vous encore?

- Citez un souvenir avec votre meilleur ami.

- Te souviens-tu de ton premier baiser?

- Qui était votre premier rendez-vous? Vous souvenez-vous de son nom? Où vous êtes-vous rencontrés? Dites-m'en plus sur votre premier rendez-vous.

Grand-mère, as-tu une
photo de toi adolescente?

Je vous prie de coller une
photo ici, s'il y en a.

Chapitre 3

Grand-mère devient un adulte

Grand-mère toute seule

- Quel est le meilleur endroit où vous avez voyagé?

- Quelle est votre ville préférée à visiter?

- Avez-vous un souvenir préféré de vacances en famille? Pourquoi est-ce votre préféré?

- Pratiquez-vous une religion? Quel impact la religion a-t-elle eu sur votre vie?

- Quelle est votre couleur préférée?

- Quel est votre plat préféré?

- Quels sont vos livres, films et chansons préférés?

- Quel est le meilleur conseil qu'on vous ait donné?

Grand-mère, avez-vous
une photo de vous en
tant que jeune adulte ?

S'il tu plaît
coller une photo ici, s'il y en.

Le début de la carrière de Grand-mère

- Avez-vous eu un emploi d'été?

- Quel était votre premier emploi?

- Comment avez-vous choisi votre carrière? Qu'est-ce qui a joué un grand rôle dans le choix de votre carrière?

- Aviez-vous une voiture? Quelle était votre première voiture?

- Quel âge aviez-vous à l'époque et qui a acheté la voiture pour vous?

Grand-mère, as-tu une photo de toi en train de travailler ?

S'il te plaît collez une photo ici, s'il y en a.

L'amour et le mariage

- Comment as-tu rencontré mon grand-père? Racontez-moi ça.

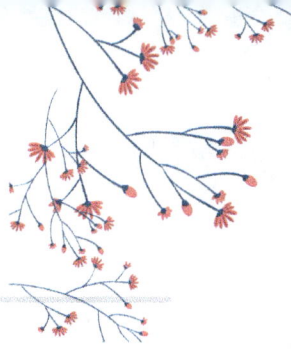

- Qu'est-ce que tu préfères chez mon grand-père?

- Comment était votre demande en mariage? Était-il un petit ami romantique?

- Où s'est déroulé votre mariage? Qui était votre demoiselle d'honneur/matrone d'honneur/meilleur homme ?

- Quel est le meilleur souvenir que vous gardez du jour de votre mariage?

- Avez-vous été marié plus d'une fois? Pouvez-vous m'en dire plus sur vos autres mariages?

- Si vous pouviez remonter le temps, épouseriez-vous toujours grand-père ?

- Selon vous, quelle est la chose la plus importante dans le mariage?

- Si je devais me marier demain, quels seraient vos conseils ou vos mots de sagesse pour moi?

Grand-mère, avez-vous une photo de votre mariage que vous voudriez me montrer ?

S'il te plaît collez une photo ici, s'il y en.

Où grand-mère vivait

- Où viviez-vous en tant que jeunes mariés?

- Parlez-moi des endroits où vous avez vécu ensemble avant d'acheter votre première maison.

- Parlez-moi de votre première maison (aviez-vous des enfants, comment avez-vous trouvé la maison, comment l'avez-vous payée, qu'avez-vous aimé dans cette maison).

- Si vous pouviez vivre dans un endroit différent, où serait-il?

- Si vous pouviez vivre à une autre époque, quelle serait-elle?

- Si vous pouviez voyager dans l'espace, le feriez-vous?

- Quelle est votre invention technologique préférée qui a eu lieu au cours de votre vie?

- Avez-vous des regrets?

- Si vous deviez recommencer votre vie, que feriez-vous différemment?

Grand-mère, avez-vous une photo de vous et de grand-père avant d'avoir des enfants ?

S'il te plaît collez une photo ici, s'il y en.

Grand-mère avez-vous une photo avec votre maison?

S'il te plaît
collez une photo ici, s'il y en.

Chapitre 4

Les enfants de grand-mère

Les enfants de grand-mère: mes parents, mes tantes et mes oncles

- Combien d'enfants avez-vous eu en tout?

- Quels sont leurs noms, dates de naissance et lieux de naissance?

- Pourquoi avez-vous donné ce nom à mon parent?

Grand-mère, avez-vous une photo avec tous vos enfants ?

S'il te plaît
collez une photo ici, s'il y en.

Grand-mère, avez-vous une photo avec tous vos enfants ?

S'il te plaît
collez une photo ici, s'il y en.

Mon parent est né

- Parlez-moi du jour de la naissance de mon parent?

- Quel est l'un de vos souvenirs préférés en tant que mère?

- Qu'est-ce qui a été le plus gratifiant dans le fait d'être parent?

- Quel est votre meilleur souvenir avec mon parent?

Grand-mère, avez-vous une photo du jour de la naissance de mes parents ?

S'il te plaît
collez une photo ici, s'il y en.

Mon parent quand il était petit

- Racontez-moi une histoire coquine sur mon parent?

- Y a-t-il des choses amusantes qui ressortent chez vos enfants?

- Mon parent avait-il un jouet préféré?

- Quelle est la chose que mon parent a faite qui vous a rendu fier?

- Quelle est la chose que mon parent a faite qui vous a rendu le plus fou, et pourquoi?

- Que faisiez-vous pour vous amuser quand mon parent était enfant?

Grand-mère, avez-vous une photo de mes parents enfant ?

Veuillez coller une photo ici, s'il y en a.

Sur l'éducation de mes parents

- Que voulait faire mon parent quand il serait grand?

- Êtes-vous strict ou indulgent en tant que parent?

- Quelles étaient les règles en vigueur dans votre foyer?

- Quelles étaient les corvées dont mon parent était responsable?

- Mon parent était-il doué pour les tâches ménagères?

Grand-mère, avez-vous une photo de la remise des diplômes de mes parents ?

Veuillez coller une photo ici, s'il y en a.

Sur la vie de famille de mes parents

- Quelle est l'histoire de famille la plus drôle dont vous vous souvenez?

- Comment mes parents se sont-ils rencontrés?

- Quelle a été votre première impression lorsque vous avez rencontré mon autre parent?

- Mon parent a-t-il possédé des animaux domestiques? Quel a été son premier animal de compagnie?

- Si les animaux pouvaient parler, que dirait-il de mon parent?

- Quel a été le choix le plus difficile que mon parent a dû faire?

Grand-mère, avez-vous une photo avec mes parents avant ma naissance ?

Veuillez coller une photo ici, s'il y en a.

Chapitre 5

Les traditions familiales

os réunions de famille

- Pour quel type d'événements notre famille se réunit-elle?

- Avez-vous des vacances préférées? Lesquelles et pourquoi?

- Qu'est-ce que vous préférez dans nos réunions de famille?

- Qui arrive toujours en retard aux réunions de famille?

- Y a-t-il une tradition particulière que notre famille respecte lorsqu'elle se réunit?

Grand-mère, avez-vous une photo de notre réunion de famille ?

Veuillez coller une photo ici, s'il y en a.

Nos recettes de famille

- Quelle est votre recette familiale préférée?

- De qui l'avez-vous obtenu?

- Quels sont les meilleurs plats traditionnels que vous cuisinez pour différents événements comme Noël, Pâques, le Nouvel An, etc.

- Quelle est la recette préférée de mes parents?

Recette pour

DE LA CUISINE DE

SERT

TEMPS DE PRÉPARATION

TEMPS TOTAL

TEMPÉRATURE DU FOUR

NOM DU PLAT

INGRÉDIENTS

INSTRUCTIONS

Recette pour

NOM DU PLAT

INSTRUCTIONS

REMARQUES / AMÉLIORATIONS POSSIBLES:

Recette pour

NOM DU PLAT

DE LA CUISINE DE

SERT

TEMPS DE PRÉPARATION

 INGRÉDIENTS

TEMPS TOTAL

TEMPÉRATURE DU FOUR

 INSTRUCTIONS

Recette pour

NOM DU PLAT

INSTRUCTIONS

REMARQUES / AMÉLIORATIONS POSSIBLES:

Recette pour

DE LA CUISINE DE

SERT

TEMPS DE PRÉPARATION

TEMPS TOTAL

TEMPÉRATURE DU FOUR

NOM DU PLAT

INGRÉDIENTS

INSTRUCTIONS

Recette pour

NOM DU PLAT

INSTRUCTIONS

REMARQUES / AMÉLIORATIONS POSSIBLES:

Recette pour

DE LA CUISINE DE

SERT

TEMPS DE PRÉPARATION

TEMPS TOTAL

TEMPÉRATURE DU FOUR

NOM DU PLAT

INGRÉDIENTS

INSTRUCTIONS

Recette pour

NOM DU PLAT

INSTRUCTIONS

REMARQUES / AMÉLIORATIONS POSSIBLES:

Recette pour

NOM DU PLAT

DE LA CUISINE DE

SERT

INGRÉDIENTS

TEMPS DE PRÉPARATION

TEMPS TOTAL

TEMPÉRATURE DU FOUR

INSTRUCTIONS

Recette pour

NOM DU PLAT

INSTRUCTIONS

REMARQUES / AMÉLIORATIONS POSSIBLES:

Chapitre 6

De la vie et de l'existence

Les événements historiques de la vie de grand-mère

- Quels sont les événements historiques les plus mémorables qui se sont produits au cours de votre vie?

Grand-mère peux-tu me montrer une photo récente de toi ?

Veuillez coller une photo ici, s'il y en a.

La sagesse de grand-mère

- De quoi êtes-vous reconnaissant?

- Qu'est-ce qui vous rend heureux?

- Comment gérez-vous le stress? Êtes-vous facilement agacé?

- Y a-t-il encore quelque chose sur votre liste de choses à faire?

- Avez-vous un âge/une étape préférée dans votre vie?

- Existe-t-il des secrets pour vivre une vie longue et épanouissante?

- Que pourriez-vous me dire que je serais surpris d'apprendre sur vous?

- Si tu pouvais être un super-héros, quelle est la capacité magique que tu aimerais avoir pour le reste de ta vie?

- Quelle est la règle que vous voudriez que tout le monde suive?

- Qu'est-ce qui vous effraie le plus?

- Quel est votre rêve pour vos enfants et petits-enfants?

- Quelle est la plus grande différence entre grandir aujourd'hui et quand vous étiez enfant?

- Qu'est-ce que vous préférez dans le fait d'être grand-parent?

- Quel est l'un de vos meilleurs souvenirs en tant que grand-mère?

Grand-mère, avez-vous une photo avec vos petits-enfants ?

Veuillez coller une photo ici, s'il y en a.

Les traits de famille que grand-mère voit en moi

- Quels traits de famille voyez-vous en moi ?

Les souhaits de grand-mère pour moi

www.ingramcontent.com/pod-product-compliance
Lightning Source LLC
Chambersburg PA
CBHW080459240426
43673CB00005B/241